Más Allá del Dolor: Estrategias Rogerianas para el Duelo

Por MCES LEONCIO R. CARBALLO DIAZ MUÑOZ

PROLOGO

La tanatología es una disciplina que, en su esencia, toca lo más profundo de la experiencia humana: la confrontación con la muerte y el duelo. La pérdida de un ser querido es uno de los retos más dolorosos y desafiantes que podemos enfrentar, y el camino hacia la sanación es largo y arduo. Este libro se dedica a explorar cómo las actitudes Rogerianas —desarrolladas por Carl Rogers, un pionero de la psicología humanista— pueden proporcionar un apoyo significativo y transformador durante este proceso.

Carl Rogers nos enseñó que, en el corazón de toda relación terapéutica exitosa, están la empatía, la aceptación incondicional positiva y la congruencia. Estos principios no solo ayudan a aliviar el sufrimiento, sino que también promueven el crecimiento personal y la resiliencia. En los siguientes capítulos, desglosaremos cómo estas actitudes pueden ser aplicadas en la práctica tanatológica para crear un entorno de sanación y apoyo genuino.

A lo largo de este libro, veremos cómo la empatía profunda permite a los dolientes sentirse verdaderamente comprendidos y acompañados, cómo la aceptación incondicional positiva crea un espacio seguro para la expresión de las emociones más intensas y cómo la congruencia del terapeuta fomenta una relación de confianza y autenticidad. A través de estudios de caso, herramientas prácticas y ejemplos concretos, aprenderemos a integrar estos principios en nuestro trabajo con quienes están atravesando el dolor del duelo.

Queremos que este libro sea un faro de esperanza y una guía práctica para todos los que se dedican a la noble tarea de acompañar a otros en su viaje a través del duelo. Esperamos que al final de esta lectura, no solo hayas adquirido nuevas habilidades y conocimientos, sino que también hayas encontrado inspiración para acercarte a tu trabajo con un renovado sentido de compasión y propósito.

CAPÍTULO 1: FUNDAMENTOS DE LA TANATOLOGÍA

Definición y objetivo de la tanatología

La tanatología es una rama interdisciplinaria que combina conocimientos de diversas áreas como la medicina, la psicología, la sociología, la filosofía y la teología. Su objetivo principal es entender el fenómeno de las pérdidas, muerte y sus implicaciones desde múltiples perspectivas. Este estudio abarca desde los aspectos biológicos y fisiológicos de la muerte hasta las reacciones emocionales y sociales que provoca en los individuos y en la sociedad en general.

Dentro del ámbito de la tanatología, se abordan cuestiones relacionadas con el final de la vida, el proceso de morir y las diferentes maneras de vivir el duelo. Estas formas de vivir el duelo nos llevan a un nuevo paradigma en donde las etapas tradicionales del duelo de Elizabeth Kübler Ross identificadas clásicamente como negación, ira, negociación, depresión y aceptación, quedan sin fuerza.

Ya que, hay que comprender que el duelo no es de etapas o tareas, es de actitudes en las que la persona en duelo lleva la dirección de su proceso y el tanatólogo acompaña desde diversos enfoques, siempre guiado por el Cliente desde la perspectiva humanista Rogeriana o persona que vive en duelo, término que me parece más adecuado ya que es descriptivo y no valorativo.

Objetivo de la Tanatología

El objetivo fundamental de la tanatología es proporcionar un apoyo integral a las personas que enfrentan las pérdidas incluyendo la muerte, ya sea la propia o la de un ser querido. Este apoyo tiene varias dimensiones:

Apoyo Emocional

Validación de Sentimientos: Reconocer y validar las emociones del doliente, como tristeza, enojo, miedo y confusión, permitiendo una expresión libre y sin juicio.

Escucha Activa: Ofrecer una presencia comprensiva y empática, que permita al doliente sentirse escuchado y comprendido en su dolor.

Apoyo Psicológico:

Intervenciones Terapéuticas: Utilizar técnicas psicológicas para ayudar a los dolientes a procesar su pérdida, entender sus emociones y encontrar formas de afrontar el dolor.

Evaluación y Seguimiento: Realizar evaluaciones continuas del estado emocional y mental del doliente, proporcionando intervenciones adecuadas según las necesidades individuales.

Apoyo Espiritual:

Acompañamiento Espiritual: Brindar apoyo en la exploración de preguntas existenciales y espirituales que puedan surgir ante la muerte, facilitando un sentido de paz y comprensión.

Apoyo social:

Rituales y Tradiciones: Respetar y, cuando sea apropiado, incorporar los rituales y tradiciones espirituales y culturales del doliente para proporcionar consuelo y significado.

Facilitación de un Proceso de Duelo Saludable

Un proceso de duelo saludable es aquel en el que el doliente puede enfrentar y aceptar la realidad de la pérdida, adaptarse a la vida sin la presencia física del ser querido y encontrar un nuevo equilibrio emocional y psicológico. La tanatología busca facilitar este proceso mediante:

Educación y Concientización: Proporcionar información sobre el duelo y sus etapas, ayudando a los dolientes a entender sus experiencias como parte de un proceso natural y esperable.

Red de Apoyo: Fomentar la creación de redes de apoyo que incluyan familiares, amigos y grupos de duelo, donde los dolientes puedan compartir sus experiencias y recibir apoyo mutuo.

Recursos y Herramientas: Ofrecer recursos prácticos, como ejercicios de escritura terapéutica, técnicas de relajación y estrategias de afrontamiento que los dolientes puedan utilizar para manejar su dolor.

Importancia del acompañamiento en el proceso de duelo

El acompañamiento en el duelo es crucial para ayudar a los dolientes a expresar sus emociones, encontrar sentido en su pérdida y adaptarse a una nueva realidad sin su ser querido. Un acompañamiento adecuado puede prevenir el desarrollo de duelos complicados o patológicos.

Facilitación de la Adaptación y la Resiliencia

El acompañamiento en el duelo también tiene un papel crucial en la facilitación de la adaptación a la pérdida y el fortalecimiento de la resiliencia. Los dolientes necesitan aprender a vivir en un mundo sin su ser querido, y el acompañamiento puede ayudar en este proceso de varias maneras:

Redes de Apoyo Social: El duelo puede ser una experiencia aislante, y las redes de apoyo social pueden proporcionar una sensación de comunidad y pertenencia. Grupos de apoyo para el duelo ofrecen un espacio donde los dolientes pueden compartir sus experiencias y recibir apoyo mutuo.

Desarrollo de Habilidades de Afrontamiento: Los acompañantes pueden enseñar habilidades prácticas y estrategias de afrontamiento que ayuden a los dolientes a manejar su dolor y encontrar formas saludables de enfrentar el día a día.

Fomento de la Resiliencia: A través del apoyo continuo y la validación, los acompañantes pueden ayudar a los dolientes a desarrollar la resiliencia, la capacidad de recuperarse y adaptarse a las dificultades.

Prevención de Duelo Complicado

El duelo complicado, también conocido como duelo prolongado o trastorno de duelo complejo, se caracteriza por una intensa y persistente angustia que interfiere significativamente con la vida diaria del doliente. El acompañamiento en el duelo puede ayudar a prevenir el desarrollo de un duelo complicado mediante:

Intervención Temprana: La identificación y el apoyo temprano a los dolientes en riesgo pueden prevenir la escalada de síntomas graves.

Apoyo Continuo: Un acompañamiento constante y accesible puede proporcionar el apoyo necesario en momentos críticos, ayudando a los dolientes a sentirse sostenidos durante todo el proceso de duelo.

Derivación a Servicios Especializados: En casos donde el duelo se vuelve patológico, los acompañantes pueden derivar a los dolientes a servicios especializados para recibir el tratamiento necesario.

El acompañamiento en el proceso de duelo es vital para proporcionar un apoyo integral que abarca los aspectos emocionales, psicológicos y espirituales de la pérdida. Este acompañamiento ayuda a los dolientes a navegar su dolor, encontrar significado y adaptarse a una nueva realidad, facilitando un proceso de duelo más saludable y menos traumático.

Diferencias entre duelo normal y duelo complicado

El duelo es una respuesta natural y esperada ante la pérdida de un ser querido, y aunque cada persona experimenta el duelo de manera única, existen patrones comunes que permiten diferenciar entre un duelo normal y un duelo complicado. Comprender estas diferencias es crucial para proporcionar el apoyo adecuado y prevenir problemas de salud mental a largo plazo.

Duelo Normal

El duelo normal es una adaptación gradual y natural a la pérdida, caracterizada por una serie de reacciones emocionales, cognitivas, físicas y conductuales que, aunque dolorosas, son parte del proceso saludable de enfrentar y aceptar la pérdida. Las características del duelo normal incluyen:

Reacciones Emocionales:

Tristeza: Un sentimiento profundo de tristeza es común y esperado.

Ira y Frustración: Los dolientes pueden experimentar ira hacia la situación, el ser querido fallecido o incluso hacia ellos mismos.

Culpa: Sentimientos de culpa o remordimiento por lo que se hizo o no se hizo antes de la muerte.

Ansiedad: Preocupación sobre cómo será la vida sin el ser querido.

Reacciones Cognitivas:

Negación y dificultad para reconocer la pérdida: Inicialmente, puede ser difícil aceptar la realidad de la pérdida.

Confusión y Desorientación: La pérdida puede causar una sensación de confusión y dificultad para concentrarse.

Reacciones Físicas:

Fatiga: El duelo puede ser físicamente agotador.

Síntomas Somáticos: Dolores de cabeza, problemas digestivos y otras quejas físicas pueden surgir.

Reacciones Conductuales:

Llanto: El llanto es una respuesta común y saludable.

Retiro Social: Algunos dolientes pueden necesitar tiempo a solas para procesar sus emociones.

El duelo normal evoluciona con el tiempo, y aunque la tristeza y el dolor pueden persistir, las personas generalmente comienzan a adaptarse a su nueva realidad. La capacidad de reanudar las actividades diarias y encontrar nuevos significados y propósitos en la vida son señales de que el proceso de duelo está avanzando de manera saludable.

TODAS ESTAS MANIFESTACIONES SON NORMALES Y NO PATOLOGICAS.

Recordemos el duelo es la reacción normal a las pérdidas, y no es una enfermedad, por lo que pretender curar el duelo o patologizarlo es un error muy común,

Esto es debido a que la gran mayoría de las personas que abordan el duelo son psiquiatras o pertenecen al área médica, debemos de alejarnos de este paradigma y volver a lo obvio El duelo es una respuesta normal y nunca es una enfermedad.

Duelo Complicado

El duelo complicado, también conocido como duelo prolongado o trastorno de duelo complejo, es una respuesta intensa y prolongada a la pérdida que interfiere significativamente con la vida diaria del doliente. Este tipo de duelo se distingue por su duración y la gravedad de los síntomas. Las características del duelo complicado incluyen:

Intensidad Prolongada:

Dolor Emocional Persistente: El dolor emocional es persistente y no disminuye con el tiempo. Los dolientes pueden sentirse atrapados en un estado de tristeza profunda y constante.

Incapacidad para Aceptar la Realidad: Los dolientes pueden tener dificultades extremas para aceptar la realidad de la pérdida y pueden vivir en un estado de negación prolongada.

Impacto Significativo en la Vida Diaria:

Dificultad para Funcionamiento Diario: Las tareas diarias y las responsabilidades pueden volverse abrumadoras o imposibles de manejar.

Aislamiento Social: Los dolientes pueden retirarse socialmente y evitar el contacto con amigos y familiares.

Problemas de Salud Mental:

Depresión: Sentimientos persistentes de desesperanza, inutilidad y falta de interés en actividades que antes eran placenteras.

Ansiedad: Ansiedad extrema sobre el futuro y sobre la posibilidad de perder a otros seres queridos.

Trastornos del Sueño: Insomnio o pesadillas recurrentes relacionadas con la pérdida.

Conductas Evitativas:

Evitación de Recordatorios: Evitar lugares, personas o actividades que recuerden al ser querido fallecido.

Retención de Pertenencias: Aferrarse de manera intensa y problemática a las pertenencias del ser querido fallecido.

Identificación Temprana y Tratamiento del Duelo Complicado

La identificación temprana del duelo complicado es crucial para proporcionar la intervención adecuada y prevenir consecuencias a largo plazo en la salud mental del doliente. Algunos enfoques para la identificación y el tratamiento incluyen:

Evaluaciones Clínicas:

Herramientas de Evaluación: Utilización de cuestionarios y entrevistas estructuradas para evaluar la gravedad del duelo y su impacto en la vida diaria.

Observación Directa: Los profesionales de la salud mental pueden observar señales de duelo complicado a través de la interacción y la comunicación con el doliente.

Intervenciones Terapéuticas:

Terapia Cognitivo-Conductual (TCC): Ayuda a los dolientes a reestructurar pensamientos negativos y desarrollar estrategias de afrontamiento efectivas.

Terapia Centrada en la Persona: Basada en los principios rogerianos, esta terapia ofrece un espacio de aceptación incondicional y empatía, facilitando la expresión emocional.

Terapia de Duelo Complicado: Una terapia específica diseñada para tratar el duelo complicado, que incluye técnicas para procesar la pérdida y reintegrarse en la vida diaria.

Apoyo Farmacológico:

Medicamentos Antidepresivos: En casos de depresión severa, los antidepresivos pueden ser prescritos para ayudar a aliviar los síntomas.

Redes de Apoyo Social:

Grupos de Apoyo para el Duelo: Proporcionan un espacio donde los dolientes pueden compartir sus experiencias y recibir apoyo de otros que están pasando por situaciones similares.

Intervención Comunitaria: Participación en actividades comunitarias y voluntariados para construir nuevas conexiones y significados.

Entender las diferencias entre el duelo normal y el duelo complicado es fundamental para proporcionar un apoyo adecuado y eficaz. Mientras que el duelo normal es una adaptación gradual y natural a la pérdida, el duelo complicado requiere intervención especializada para ayudar al doliente a recuperar su bienestar emocional y funcional. La identificación temprana y el tratamiento adecuado del duelo complicado son esenciales para la salud mental y el bienestar a largo plazo del doliente.

CAPÍTULO 2: TEORÍA DE CARL ROGERS

Biografía de Carl Rogers

Carl Rogers fue un psicólogo humanista estadounidense, ampliamente reconocido por su desarrollo de la terapia centrada en la persona, también conocida como terapia no directiva o terapia Rogeriana. Nacido el 8 de enero de 1902 en Oak Park, Illinois, Rogers creció en un entorno rural, lo cual influyó significativamente en su aprecio por la naturaleza y el comportamiento humano.

Rogers inició su educación superior en la Universidad de Wisconsin-Madison, donde inicialmente se inclinó por la agricultura y la historia, pero eventualmente se interesó en la religión y la psicología. Después de graduarse en 1924, Rogers asistió al Union Theological Seminary en Nueva York con la intención de convertirse en ministro. Sin embargo, su interés por la psicología creció y lo llevó a transferirse a la Universidad de Columbia, donde completó su maestría en 1928 y su doctorado en 1931 en el Teachers College.

Durante sus primeros años como psicólogo, Rogers trabajó en la Sociedad para la Prevención de la Crueldad a los Niños en Rochester, Nueva York. Fue aquí donde comenzó a desarrollar sus ideas sobre la psicoterapia, influenciado por su trabajo con niños y familias en situaciones difíciles.

En 1940, Rogers se trasladó a Ohio State University como profesor de psicología clínica, donde escribió su primer libro importante, "Counseling and Psychotherapy" (1942), en el cual propuso que los individuos podían resolver sus problemas y mejorar sus vidas si se les proporcionaba un ambiente de aceptación y apoyo. En 1945, se unió a la Universidad de Chicago, donde estableció un centro de asesoramiento y continuó desarrollando sus teorías.

Uno de los mayores logros de Rogers fue la publicación de "Client-Centered Therapy" en 1951, donde delineó sus ideas sobre la terapia centrada en el cliente. A lo largo de su carrera, Rogers recibió numerosos reconocimientos, incluidos varios doctorados honoris causa. Su influencia se extendió más allá de la psicoterapia, impactando áreas como la educación, la resolución de conflictos y el crecimiento personal.

Rogers se mantuvo activo profesionalmente hasta su muerte el 4 de febrero de 1987. Su legado perdura en la continua aplicación de sus teorías y técnicas en psicoterapia y otros campos relacionados con la ayuda interpersonal.

Principales Conceptos de la Teoría Rogeriana

Carl Rogers introdujo una serie de conceptos clave que han tenido un impacto profundo en la psicoterapia y más allá. Estos conceptos subrayan la capacidad innata de las personas para crecer y desarrollarse en un ambiente de aceptación y comprensión. Los principales conceptos de la teoría rogeriana incluyen:

Auto-Actualización

La auto-actualización es el proceso continuo de realización del propio potencial y de convertirse en lo que uno está destinado a ser. Rogers creía que cada individuo tiene una tendencia innata hacia el crecimiento y el desarrollo positivo, que puede ser bloqueada por experiencias negativas. En un entorno de apoyo y aceptación, los individuos pueden superar estos bloqueos y avanzar hacia la auto-actualización.

Aceptación Incondicional Positiva

La aceptación incondicional positiva es un elemento central de la terapia centrada en la persona. Implica aceptar y valorar a la persona sin condiciones ni juicios. Este enfoque crea un ambiente seguro y de confianza, donde los individuos se sienten libres para explorar y expresar sus pensamientos y emociones sin temor a la desaprobación o el rechazo. La aceptación incondicional ayuda a los individuos a desarrollar una mayor autocomprensión y autoaceptación.

Actitud Empática o Empatía

Rogers consideraba la empatía como una de las cualidades más importantes que un terapeuta puede ofrecer. La empatía implica comprender profundamente los sentimientos y experiencias del cliente desde su perspectiva. Al reflejar y clarificar estos sentimientos, el terapeuta ayuda al cliente a sentirse comprendido y validado, lo que facilita la autoexploración y el crecimiento personal.

Congruencia

La congruencia, también conocida como autenticidad o genuinidad, es la cualidad de ser real y sincero en la relación terapéutica. Un terapeuta congruente es transparente y se muestra tal como es, sin pretensiones ni fachadas. Esta autenticidad fomenta una relación de confianza y permite al paciente sentirse más seguro y dispuesto a abrirse y compartir sus verdaderos sentimientos.

El Self y la Auto-Imagen

Rogers distinguió entre el self real y el self ideal. El self real es cómo una persona se percibe en el presente, mientras que el self ideal es cómo desearía ser. La discrepancia entre estos dos conceptos puede llevar a incongruencias y dificultades emocionales. La terapia centrada en la persona busca reducir esta brecha, ayudando a los individuos a aceptar su self real y trabajar hacia un self ideal más realista y alcanzable.

La Relación Terapéutica

Rogers enfatizó que la relación entre el terapeuta y el cliente es fundamental para el éxito del proceso terapéutico. Una relación basada en la empatía, la aceptación incondicional positiva y la congruencia permite al paciente explorar sus emociones y experiencias en un ambiente de seguridad y apoyo. Esta relación terapéutica es vista como un factor curativo en sí misma.

Enfoque centrado en la persona

El enfoque centrado en la persona se basa en la premisa de que cada individuo tiene la capacidad de entender sus propias experiencias y resolver sus problemas. El rol del terapeuta es proporcionar un ambiente seguro y aceptante que facilite este proceso.

CAPÍTULO 3: APLICACIÓN DE LAS ACTITUDES ROGERIANAS EN TANATOLOGÍA

Empatía: Comprensión profunda y sin juicios

La empatía en la tanatología implica entender y compartir los sentimientos del doliente sin emitir juicios. Esta comprensión profunda permite al doliente sentirse verdaderamente escuchado y comprendido, lo que es esencial para su proceso de sanación.

¿Cómo lograr ser empáticos?

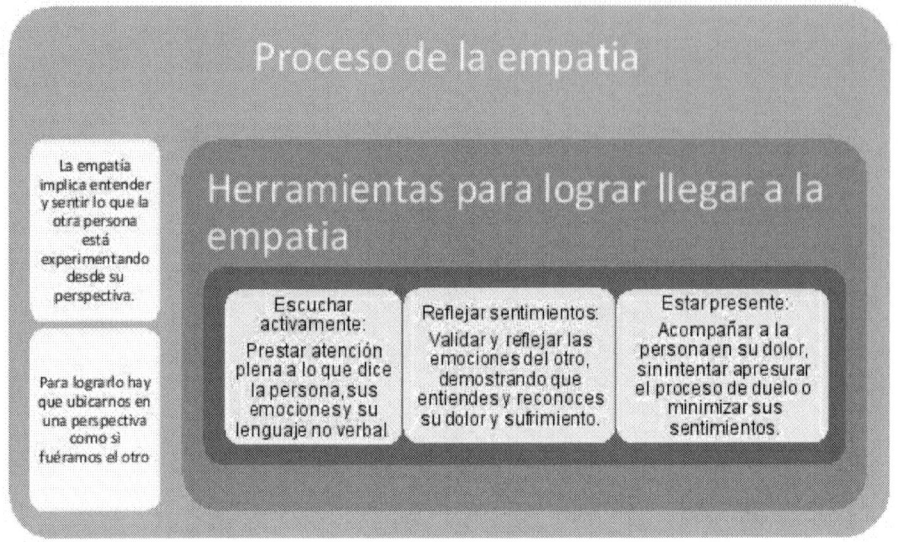

Aceptación incondicional positiva

La aceptación incondicional positiva es la actitud de valorar y respetar al doliente tal como es, sin condiciones ni juicios. Esta actitud crea un ambiente seguro donde el doliente puede expresar sus emociones y pensamientos más profundos sin temor a ser criticado.

Características de la aceptación condicional positiva

Aceptar todas las emociones: Permitir que la persona exprese todo su rango de emociones, desde la tristeza y la ira hasta la confusión y el miedo, sin juzgarlas.

No imponer expectativas: Evitar imponer tus propias expectativas sobre cómo debería sentirse o comportarse la persona.

Respetar el proceso individual de duelo: Reconocer que cada persona vive el duelo de manera diferente y a su propio ritmo.

Congruencia y autenticidad en el acompañamiento

La congruencia se refiere a la autenticidad y honestidad del tanatólogo en la relación con el doliente. Ser congruente significa ser genuino y transparente, lo cual fomenta una relación de confianza y facilita una comunicación abierta y honesta.

¿Cómo lograr un estado de congruencia y autenticidad?

Ser auténtico: Muestra cómo eres, sin máscaras, y se honesto en tus interacciones.

Expresa tus sentimientos de forma adecuada.

Manifiesta tus sentimientos de manera apropiada.

Mantén la coherencia entre tus palabras y acciones: Esto se logra al ser consistente de tu comportamiento y lo que comunicas.

CAPÍTULO 4: TÉCNICAS Y HERRAMIENTAS ROGERIANAS PARA EL ACOMPAÑAMIENTO EN DUELO

Escucha activa

La escucha activa es una técnica esencial en el acompañamiento tanatológico. Implica prestar atención plena al doliente, reflejando y clarificando sus sentimientos y pensamientos. Esto no solo muestra empatía, sino que también ayuda al doliente a procesar sus emociones.

Reflejo emocional y validación de sentimientos

El reflejo emocional consiste en expresar de vuelta al doliente sus propios sentimientos, validando y normalizando sus emociones. Esto ayuda al doliente a sentirse comprendido y aceptado en su experiencia de duelo.

Uso del silencio terapéutico

El silencio puede ser una herramienta poderosa en el acompañamiento tanatológico. Permitir momentos de silencio da espacio al doliente para reflexionar y procesar sus emociones, sin sentirse presionado a hablar constantemente.

Preguntas abiertas y facilitación de la expresión emocional

Las preguntas abiertas facilitan una comunicación profunda y significativa, alentando al doliente a explorar y expresar sus emociones y pensamientos. Estas preguntas invitan al doliente a compartir más sobre su experiencia, promoviendo un proceso de sanación más completo.

CAPÍTULO 5: EXPERIENCIAS PRÁCTICAS

Ejemplo: Duelo por la pérdida de un hijo

Perder a un hijo es una de las experiencias más dolorosas y devastadoras que uno puede enfrentar. Es natural sentirse abrumado y perdido. Como alguien que quiere ayudar, tu presencia empática y comprensión pueden hacer una gran diferencia. Aquí te explico cómo puedes aplicar un enfoque centrado en la persona, de manera fácil de entender y en tono empático, para ofrecer apoyo significativo a alguien en esta situación:

Crear un Ambiente Seguro y Acogedor

Tu objetivo: Hacer que la persona se sienta segura y comprendida.

Escucha Activa: Presta atención plena cuando hablen. Mira a los ojos, asiente con la cabeza y evita interrumpir. Deja que expresen sus sentimientos sin apurarlos.

Aceptación Incondicional: Acepta todo lo que dicen sin juzgar. Si lloran, gritan o están en silencio, está bien. Cada emoción es válida.

Ejemplo de lo que puedes decir: "Estoy aquí para ti. Puedes decirme lo que quieras, cuando quieras. No tienes que preocuparte por cómo te ves o lo que dices."

Explorar Sus Sentimientos y Experiencias

Tu objetivo: Ayudarles a procesar sus emociones.

Reflejar Emociones: Repíteles sus sentimientos para que sepan que los entiendes. "Parece que te sientes muy triste y enojado ahora mismo."

Validar Sus Sentimientos: Asegúrate de que sepan que sus emociones son normales. "Es completamente normal sentirte así después de una pérdida tan grande."

Ejemplo de lo que puedes decir: "Sé que este dolor es inmenso. Es natural sentirse así cuando pierdes a alguien tan querido."

Ofrecer Empatía Profunda

Tu objetivo: Mostrar comprensión genuina.

Ponerte en Su Lugar: Trata de imaginar cómo se sienten. Muestra empatía al decir cosas como, "No puedo imaginar lo difícil que debe ser esto para ti, pero estoy aquí para apoyarte."

Ejemplo de lo que puedes decir: "No puedo saber exactamente cómo te sientes, pero estoy aquí contigo y quiero ayudarte en todo lo que pueda."

Facilitar la Expresión Emocional

Tu objetivo: Ayudarles a expresar sus emociones.

Preguntas Abiertas: Anima a hablar más sobre sus sentimientos. "¿Quieres contarme más sobre tu hijo y lo que significaba para ti?"

Actividades de Expresión: Sugiere formas de expresar sus emociones, como escribir cartas a su hijo, dibujar o crear un álbum de recuerdos.

Ejemplo de lo que puedes decir: "Si te gustaría, podríamos crear juntos un álbum de recuerdos con fotos y momentos especiales que compartiste con tu hijo."

Ayudarles a Encontrar Significado y Consuelo

Tu objetivo: Apoyarles en la búsqueda de significado en su experiencia.

Explorar el Significado: Ayúdales a hablar sobre lo que la pérdida significa para ellos y cómo pueden honrar la memoria de su hijo. "¿Hay algo especial que te gustaría hacer para recordar a tu hijo?"

Actividades Significativas: Sugiere actividades que puedan darles consuelo y sentido, como participar en una causa benéfica o plantar un árbol en memoria de su hijo.

Ejemplo de lo que puedes decir: "Quizás podrías plantar un árbol en el parque donde solían jugar juntos. Cada vez que lo veas crecer, podrías sentir una conexión con él."

Proporcionar Apoyo Continuo

Tu objetivo: Asegurarles que no están solos en su proceso de duelo.

Seguimiento Regular: Mantén el contacto regular, preguntándoles cómo están y ofreciendo tu apoyo continuo. "Solo quería saber cómo te sientes hoy."

Disponibilidad: Hazles saber que estás disponible siempre que necesiten hablar. "Siempre estoy aquí para ti, no importa la hora."

Ejemplo de lo que puedes decir: "No estás solo en esto. Estoy aquí para ti hoy, mañana y siempre que me necesites."

Promover el Autocuidado y la Resiliencia

Tu objetivo: Ayudarles a cuidar de sí mismos y a encontrar formas de seguir adelante.

Fomentar el Autocuidado: Anímales a cuidar de su salud física y emocional. "Recuerda comer bien y descansar cuando puedas. Es importante cuidar de ti mismo durante este tiempo."

Desarrollar Resiliencia: Ayúdales a encontrar pequeñas cosas que les traigan paz y alegría. "Tal vez podrías intentar caminar un poco en el parque. A veces, la naturaleza puede ser reconfortante."

Ejemplo de lo que puedes decir: "Es crucial que también te cuides a ti mismo. Pequeñas cosas como dar un paseo o escuchar música tranquila pueden ayudarte a sentirte un poco mejor."

Conclusión

Acompañar a alguien que ha perdido a un hijo requiere empatía, paciencia y amor incondicional. Tu presencia y apoyo pueden proporcionar un consuelo inmenso y ayudarles a navegar por su dolor. Recuerda que no tienes que tener todas las respuestas; estar ahí, escuchar y mostrar compasión es lo más valioso que puedes ofrecer.

CAPÍTULO 6: BENEFICIOS DE LAS ACTITUDES ROGERIANAS EN EL PROCESO DE DUELO

El proceso de duelo es una experiencia profundamente personal y emocional que puede tener un impacto significativo en la salud mental y el bienestar general de los dolientes. La aplicación de las actitudes rogerianas —empatía, aceptación incondicional positiva y congruencia— ofrece numerosos beneficios que pueden facilitar un proceso de duelo más saludable y significativo. Este capítulo explora cómo estas actitudes pueden influir positivamente en la salud mental, fortalecer la resiliencia y mejorar la calidad de vida de los dolientes.

Impacto en la Salud Mental del Doliente

La salud mental de los dolientes puede verse gravemente afectada por la pérdida de un ser querido. La aplicación de las actitudes rogerianas en el proceso de duelo tiene un impacto positivo significativo en la salud mental, ayudando a reducir los síntomas de depresión, ansiedad y estrés.

Reducción de la Depresión:

Aceptación Incondicional Positiva: Al proporcionar un ambiente donde los dolientes se sienten aceptados sin condiciones, se reduce el riesgo de sentimientos de inutilidad y desesperanza, comunes en la depresión.

Empatía: La comprensión empática permite a los dolientes sentirse escuchados y validados, lo que puede aliviar los síntomas depresivos al reducir el aislamiento emocional.

Alivio de la Ansiedad:

Escucha Activa: Escuchar activamente a los dolientes les ayuda a expresar sus preocupaciones y miedos, disminuyendo los niveles de ansiedad.

Ambiente Seguro: Un ambiente terapéutico seguro y acogedor reduce el estrés y la ansiedad al proporcionar un espacio donde los dolientes pueden explorar sus emociones sin temor.

Manejo del Estrés:

Reflejo Emocional: Reflejar y validar las emociones ayuda a los dolientes a procesar su dolor, lo que disminuye la carga de estrés emocional.

Congruencia: La autenticidad del terapeuta fomenta una relación de confianza, permitiendo a los dolientes sentirse más relajados y apoyados durante el proceso de duelo.

Fortalecimiento de la Resiliencia

Las actitudes rogerianas promueven la resiliencia, ayudando a los dolientes a adaptarse y recuperarse de la pérdida. La resiliencia es la capacidad de enfrentar la adversidad y recuperarse de las experiencias difíciles, y es crucial en el proceso de duelo.

Desarrollo de Estrategias de Afrontamiento:

Empatía y Apoyo: La empatía y el apoyo constante

proporcionan a los dolientes un modelo de comportamiento resiliente, ayudándoles a desarrollar sus propias estrategias de afrontamiento.

Fomento de la Autoexploración: La aceptación incondicional y la congruencia del terapeuta fomentan la autoexploración, permitiendo a los dolientes identificar y utilizar sus propios recursos internos para enfrentar la pérdida.

Adaptación a la Nueva Realidad:

Exploración de Significados: Ayudar a los dolientes a encontrar nuevos significados y propósitos en su vida después de la pérdida promueve la adaptación y el crecimiento personal.

Empoderamiento Personal: Al sentirse comprendidos y aceptados, los dolientes ganan confianza en su capacidad para enfrentar y superar la adversidad, fortaleciendo su resiliencia.

Construcción de Redes de Apoyo:

Creación de Comunidad: La empatía y la aceptación pueden

ayudar a los dolientes a establecer conexiones con otros que han pasado por experiencias similares, creando una red de apoyo que fomenta la resiliencia.

Fomento del Apoyo Social: Las actitudes rogerianas promueven el desarrollo de relaciones saludables y de apoyo, que son esenciales para la resiliencia y la recuperación.

Mejora en la Calidad de Vida del Doliente

La implementación de las actitudes rogerianas en la tanatología no solo ayuda a aliviar el sufrimiento emocional, sino que también mejora la calidad de vida del doliente, facilitando un proceso de duelo más saludable y significativo.

Promoción del Bienestar Emocional:

Validación Emocional: Validar y normalizar las emociones de los dolientes ayuda a reducir el sufrimiento emocional y a promover el bienestar.

Aceptación y Comprensión: La aceptación incondicional y la empatía contribuyen a una mayor autocomprensión y autoaceptación, lo que mejora el bienestar emocional.

Mejora de las Relaciones Interpersonales:

Comunicación Abierta: Fomentar una comunicación abierta y honesta ayuda a los dolientes a expresar sus necesidades y a recibir el apoyo adecuado de sus seres queridos.

Reconstrucción de Relaciones: La congruencia y la autenticidad en la relación terapéutica pueden servir como modelo para mejorar otras relaciones interpersonales, proporcionando una base para la reconstrucción de redes de apoyo.

Fomento de la Salud Física:

Reducción del Estrés: La disminución del estrés y la ansiedad mediante la aplicación de las actitudes rogerianas tiene un impacto positivo en la salud física, reduciendo el riesgo de enfermedades relacionadas con el estrés.

Autocuidado: Alentar a los dolientes a cuidar de sí mismos y a mantener hábitos saludables, como una buena alimentación y ejercicio regular, mejora su calidad de vida general.

Las actitudes rogerianas tienen un impacto profundo y positivo en el proceso de duelo, promoviendo la salud mental, fortaleciendo la resiliencia y mejorando la calidad de vida de los dolientes. A través de la empatía, la aceptación incondicional y la congruencia, los dolientes pueden encontrar consuelo, significado y la capacidad de adaptarse a su nueva realidad, lo que les permite llevar una vida más plena y significativa después de la pérdida.

CAPÍTULO 7: DESAFÍOS Y CONSIDERACIONES ÉTICAS

El acompañamiento en el proceso de duelo es una tarea delicada y compleja que presenta diversos desafíos emocionales y éticos tanto para los dolientes como para los profesionales que los apoyan. Este capítulo explora cómo manejar las emociones intensas que surgen durante el duelo, las consideraciones éticas fundamentales en la práctica tanatológica y la importancia del autocuidado para los profesionales.

Manejo de Emociones Intensas

El duelo puede despertar emociones muy intensas y abrumadoras en los dolientes, tales como tristeza profunda, ira, culpa y desesperación. Asimismo, los profesionales que brindan apoyo pueden experimentar una carga emocional significativa. Utilizando las actitudes rogerianas, es posible manejar estas emociones de manera efectiva y mantener un entorno terapéutico seguro.

Escucha Activa y Reflejo Emocional:

Escucha Activa: Prestar atención plena a lo que el doliente está diciendo, mostrando interés genuino y empatía. Esto incluye el uso de señales verbales y no verbales que demuestran que el profesional está comprometido con el proceso.

Reflejo Emocional: Reflejar las emociones expresadas por el doliente ayuda a validar sus sentimientos y a asegurarles que están siendo comprendidos. Esto puede disminuir la intensidad emocional al sentirse escuchados y aceptados.

Uso del Silencio Terapéutico:

Silencio Terapéutico: Utilizar el silencio de manera estratégica para permitir que el doliente reflexione y procese sus emociones sin presión. El silencio puede ser una herramienta poderosa para fomentar la autoexploración y la autorreflexión.

Manejo de la Propia Emoción del Profesional:

Autoconciencia: Los profesionales deben ser conscientes de sus propias reacciones emocionales y manejar sus respuestas de manera que no interfieran con el proceso terapéutico.

Supervisión y Apoyo Profesional: Buscar supervisión regular y apoyo profesional puede ayudar a los tanatólogos a manejar sus propias emociones y a desarrollar estrategias para mantenerse emocionalmente equilibrados.

Consideraciones Éticas en la Práctica Tanatológica

La práctica tanatológica está llena de consideraciones éticas cruciales que deben ser abordadas para asegurar un acompañamiento respetuoso y efectivo. Estos dilemas éticos incluyen la confidencialidad, el respeto por la autonomía del doliente y el manejo adecuado de las intervenciones terapéuticas.

Confidencialidad:

Protección de la Privacidad: Mantener la confidencialidad de toda la información compartida por el doliente es fundamental. Los profesionales deben asegurarse de que los registros y las conversaciones sean manejados de manera segura y privada.

Excepciones a la Confidencialidad: Informar a los dolientes sobre las circunstancias bajo las cuales la confidencialidad puede ser comprometida, como en casos de peligro inminente para ellos mismos o para otros.

Respeto por la Autonomía del Doliente:

Consentimiento Informado: Asegurar que los dolientes estén plenamente informados sobre el proceso terapéutico y obtengan su consentimiento antes de cualquier intervención.

Autodeterminación: Respetar las decisiones y elecciones de los dolientes, incluso si difieren de las recomendaciones del profesional. La autonomía del doliente debe ser prioritaria en todas las interacciones.

Manejo Adecuado de las Intervenciones Terapéuticas:

Competencia Profesional: Los tanatólogos deben operar dentro de los límites de su competencia y buscar formación continua para mejorar sus habilidades y conocimientos.

Intervenciones Apropiadas: Elegir intervenciones

terapéuticas basadas en la mejor evidencia disponible y adaptadas a las necesidades y preferencias individuales del doliente.

Consideraciones Culturales y Espirituales:

Sensibilidad Cultural: Ser consciente y respetuoso de las diferencias culturales y espirituales que pueden influir en la experiencia del duelo y en las expectativas del acompañamiento.

Incorporación de Prácticas Culturales: Integrar prácticas y rituales culturales en el proceso terapéutico cuando sea apropiado y solicitado por el doliente.

Autocuidado del Profesional Tanatológico

El trabajo en tanatología puede ser emocionalmente agotador y, a menudo, implica una exposición constante al sufrimiento y la pérdida. Es crucial que los profesionales practiquen el autocuidado para mantener su bienestar emocional y físico, y para poder proporcionar un apoyo efectivo a los dolientes.

Estrategias de Autocuidado Emocional:

Supervisión y Apoyo Profesional: Participar en grupos de supervisión y recibir apoyo de colegas para discutir casos difíciles y recibir retroalimentación.

Terapia Personal: Buscar terapia personal para procesar sus propias emociones y experiencias relacionadas con el trabajo.

Estrategias de Autocuidado Físico:

Ejercicio Regular: Incorporar actividad física en la rutina diaria para reducir el estrés y mantener la salud física.

Nutrición y Descanso: Asegurarse de mantener una dieta equilibrada y de dormir lo suficiente para recuperar energía.

Estrategias de Autocuidado Social:

Red de Apoyo Personal: Mantener relaciones personales significativas y buscar apoyo emocional de amigos y familiares.

Balance Trabajo-Vida: Establecer límites claros entre el trabajo y la vida personal para evitar el agotamiento profesional.

Estrategias de Autocuidado Profesional:

Desarrollo Profesional Continuo: Participar en talleres, conferencias y formación continua para mantenerse actualizado y renovar la motivación profesional.

Establecimiento de Límites: Saber cuándo decir "no" y delegar tareas para evitar la sobrecarga de trabajo.

Los desafíos y consideraciones éticas en la tanatología son complejos y multifacéticos. Manejar emociones intensas de manera efectiva, abordar consideraciones éticas fundamentales y practicar el autocuidado son esenciales para proporcionar un apoyo de calidad a los dolientes y para mantener la salud y el bienestar de los profesionales.

CAPÍTULO 8: INTEGRACIÓN DE LAS ACTITUDES ROGERIANAS EN LA FORMACIÓN PROFESIONAL

La tanatología es una disciplina que requiere una comprensión profunda y habilidades especializadas para acompañar adecuadamente a las personas en su proceso de duelo. La integración de las actitudes rogerianas —empatía, aceptación incondicional positiva y congruencia — en la formación profesional es crucial para garantizar un acompañamiento efectivo y compasivo. Este capítulo se centra en la importancia de la preparación profesional a través de talleres y certificaciones para desarrollar las competencias necesarias en la práctica tanatológica.

Importancia de la Formación Profesional en Tanatología

Desarrollo de Competencias Específicas:

Conocimientos Teóricos y Prácticos: La formación profesional proporciona una base sólida de conocimientos teóricos y prácticos sobre el duelo y la tanatología. Esto incluye una comprensión profunda de las etapas del duelo, las intervenciones terapéuticas adecuadas y el manejo de emociones intensas.

Habilidades Terapéuticas: Los talleres y certificaciones ofrecen oportunidades para desarrollar habilidades terapéuticas esenciales, como la escucha activa, el reflejo emocional y el uso del silencio terapéutico, que son fundamentales para aplicar las actitudes rogerianas de manera efectiva.

Alineación con Principios Éticos y Profesionales:

Ética Profesional: La formación profesional en tanatología enfatiza la importancia de adherirse a los principios éticos, como la confidencialidad, el respeto por la autonomía del doliente y la práctica dentro de los límites de la competencia profesional.

Responsabilidad y Transparencia: Los programas de

certificación aseguran que los tanatólogos estén bien preparados para manejar las responsabilidades de su rol y mantengan una comunicación clara y transparente con los dolientes.

Talleres y Certificaciones en Tanatología

Talleres de Formación:

Talleres Introductorios: Estos talleres proporcionan una visión general de la tanatología, incluyendo los fundamentos teóricos del duelo y las actitudes rogerianas. Son ideales para aquellos que están comenzando en el campo.

Talleres Especializados: Estos talleres se enfocan en áreas específicas de la tanatología, como el duelo infantil, el duelo complicado, y el apoyo a pacientes terminales. Ofrecen una formación más profunda y específica para situaciones particulares.

Talleres Prácticos: Estos talleres permiten a los participantes practicar habilidades terapéuticas en un entorno controlado, recibiendo retroalimentación de profesionales experimentados.

Programas de Certificación:

Certificación en Tanatología: Un programa de certificación en tanatología proporciona una formación exhaustiva que abarca todos los aspectos del acompañamiento en el duelo. Estos programas suelen incluir módulos teóricos, prácticas supervisadas y evaluación continua.

Certificación en Terapia Centrada en la Persona: Este programa se centra en las técnicas y principios de la terapia centrada en la persona, desarrollada por Carl Rogers, y cómo aplicarlas en el contexto del duelo.

Certificación en Intervenciones en Crisis: Esta certificación prepara a los profesionales para manejar situaciones de crisis y proporcionar apoyo inmediato y efectivo a los dolientes en momentos de intensa angustia emocional.

Beneficios de la Formación Profesional

Aumento de la Competencia Profesional:

Confianza en la Práctica: La formación y certificación proporcionan a los tanatólogos la confianza necesaria para abordar situaciones complejas y emocionales de manera efectiva y compasiva.

Reconocimiento Profesional: Tener una certificación profesional en tanatología puede aumentar el reconocimiento y la credibilidad en el campo, facilitando el acceso a oportunidades laborales y colaboraciones profesionales.

Mejora de la Calidad del Acompañamiento:

Aplicación Efectiva de las Actitudes Rogerianas: La formación asegura que los tanatólogos estén capacitados para aplicar las actitudes rogerianas de manera efectiva, creando un ambiente terapéutico seguro y acogedor para los dolientes.

Actualización Continua: Los programas de certificación a menudo requieren educación continua, lo que asegura que los profesionales se mantengan actualizados con las últimas investigaciones y prácticas en el campo de la tanatología.

Desarrollo Personal y Profesional:

Crecimiento Personal: La formación en tanatología no solo mejora las habilidades profesionales, sino que también promueve el crecimiento personal, ayudando a los tanatólogos a desarrollar una mayor autocomprensión y empatía.

Red de Apoyo Profesional: Participar en talleres y programas de certificación permite a los tanatólogos conectarse con una comunidad de profesionales, proporcionando una red de apoyo y recursos compartidos.

Implementación en la Práctica Profesional

Integración en la Práctica Diaria:

Aplicación de Técnicas Aprendidas: Los tanatólogos deben integrar las técnicas y conocimientos adquiridos en su formación en su práctica diaria, asegurándose de que cada interacción con los dolientes esté informada por las actitudes rogerianas.

Reflexión y Evaluación Continua: Es importante que los profesionales reflexionen regularmente sobre su práctica y busquen retroalimentación para mejorar continuamente.

Compromiso con el Desarrollo Profesional:

Participación en Educación Continua: Los tanatólogos deben comprometerse con la educación continua para mantenerse actualizados y mejorar sus habilidades y conocimientos.

Supervisión y Mentoría: Buscar oportunidades de supervisión y mentoría puede proporcionar apoyo adicional y orientación profesional, facilitando el crecimiento continuo y la mejora de la práctica.

La integración de las actitudes rogerianas en la formación profesional de la tanatología es esencial para proporcionar un acompañamiento efectivo y compasivo a los dolientes. La preparación a través de talleres y certificaciones no solo mejora la competencia profesional, sino que también promueve el crecimiento personal y el compromiso con la ética y la calidad en la práctica tanatológica. Al invertir en su formación, los tanatólogos pueden asegurarse de que están equipados para enfrentar los desafíos del duelo y proporcionar el apoyo necesario para la sanación y el bienestar de los dolientes.

IMPACTO Y REFLEXIONES

La travesía del duelo es una de las más desafiantes que podemos enfrentar en la vida. Como tanatólogos, nuestra misión es acompañar a las personas en este difícil camino, proporcionando el apoyo y la comprensión necesarios para que puedan encontrar un nuevo equilibrio y sentido en sus vidas. Las actitudes rogerianas nos ofrecen una guía invaluable para realizar esta labor de manera efectiva y compasiva.

A lo largo de este libro, hemos explorado cómo la empatía, la aceptación incondicional positiva y la congruencia pueden transformar la experiencia del duelo. Estos principios no solo ayudan a aliviar el sufrimiento inmediato, sino que también promueven la resiliencia y el crecimiento personal a largo plazo. La empatía permite que los dolientes se sientan escuchados y comprendidos en su dolor, la aceptación incondicional positiva les ofrece un espacio seguro para expresar sus emociones sin miedo al juicio, y la congruencia del terapeuta establece una relación de confianza y autenticidad.

La formación profesional en tanatología es esencial para aplicar eficazmente estas actitudes rogerianas. A través de talleres, certificaciones y educación continua, los tanatólogos pueden desarrollar las competencias necesarias para acompañar a los dolientes de manera efectiva. La inversión en la formación no solo mejora las habilidades profesionales, sino que también promueve el crecimiento personal y el compromiso con la ética y la calidad en la práctica tanatológica.

Al integrar estos principios en nuestra práctica diaria, no solo ayudamos a los dolientes a encontrar consuelo y significado en su experiencia, sino que también contribuimos a nuestra propia resiliencia y bienestar como profesionales. La capacidad de acompañar a otros en su dolor es un privilegio y una responsabilidad, y al hacerlo con empatía, aceptación y congruencia, podemos hacer una diferencia significativa en sus vidas.

En palabras de Carl Rogers, "La buena vida es un proceso, no un estado del ser. Es una dirección, no un destino". Al abrazar este enfoque, no solo guiamos a los dolientes hacia la sanación, sino que también nos embarcamos en nuestro propio viaje de crecimiento y auto-descubrimiento. Que este libro te inspire y te guíe en tu práctica, y que cada interacción que tengas con un doliente sea una oportunidad para sembrar semillas de esperanza y resiliencia.

Recuerda, tu presencia empática y tu apoyo incondicional pueden ser un faro de luz en los momentos más oscuros de la vida de alguien. Sigamos adelante, con compasión y dedicación, en este noble camino de acompañar a quienes enfrentan el dolor de la pérdida.

Made in the USA
Columbia, SC
11 July 2024